TANGRAM

A pesar de haber puesto el máximo cuidado en la redacción de esta obra, el autor o el editor no pueden en modo alguno responsabilizarse por las informaciones (fórmulas, recetas, técnicas, etc.) vertidas en el texto. Se aconseja, en el caso de problemas específicos —a menudo únicos— de cada lector en particular, que se consulte con una persona cualificada para obtener las informaciones más completas, más exactas y lo más actualizadas posible. EDITORIAL DE VECCHI, S. A. U.

© De Vecchi Ediciones 2023
© [2023] Confidential Concepts International Ltd., Ireland
Subsidiary company of Confidential Concepts Inc, USA
ISBN: 978-1-63919-514-5

El Código Penal vigente dispone: «Será castigado con la pena de prisión de seis meses a dos años o de multa de seis a veinticuatro meses quien, con ánimo de lucro y en perjuicio de tercero, reproduzca, plagie, distribuya o comunique públicamente, en todo o en parte, una obra literaria, artística o científica, o su transformación, interpretación o ejecución artística fijada en cualquier tipo de soporte o comunicada a través de cualquier medio, sin la autorización de los titulares de los correspondientes derechos de propiedad intelectual o de sus cesionarios. La misma pena se impondrá a quien intencionadamente importe, exporte o almacene ejemplares de dichas obras o producciones o ejecuciones sin la referida autorización». (Artículo 270)

JAMES LYON

TANGRAM

PUZLES DE FIGURAS
PARA EJERCITAR EL CEREBRO

ÍNDICE

TANGRAM — 6
Una historia misteriosa — 6
Para ejercitar el cerebro — 15
Jugar con los tangrams — 25

LOS PUZLES — 27
Personas — 28
Animales — 50
Edificios — 96
Transportes — 122
Objetos — 134
Historias — 170

SOLUCIONES — 208
El Torneo doble tangram — 221
Agradecimientos — 224

UNA MISTERIOSA HISTORIA

◆

TANGRAM
Una misteriosa historia

Los tangrams son sencillamente asombrosos. ¿Cómo es posible que siete formas simples compongan un puzle tan maravilloso e intrigante, un puzle que posee una historia increíble y misteriosa?

Los tangrams pueden utilizarse bien como un puzle que debe resolver un único jugador, bien como un juego en el que participan varias personas. Son rompecabezas que se componen de siete figuras geométricas que forman un cuadrado. Estas figuras son cinco triángulos equiláteros de distintos tamaños, un cuadrado y un paralelogramo. Cualquier persona con papel y tijeras puede disfrutar de las maravillas del tangram, aunque existen juegos tallados en marfil que alcanzan un precio muy elevado.

Independientemente del material con el que se hayan fabricado las piezas, las posibilidades de crear imágenes, e incluso historias, son realmente infinitas.

UNA MISTERIOSA HISTORIA

El juego en la Antigüedad

El juego del tangram se originó en China y, tradicionalmente, siempre fue muy popular entre los niños. Sin embargo, nadie sabe con exactitud cuándo se inventó este puzle. Algunos opinan que fue durante el segundo milenio antes de Cristo, en el periodo Zhou, pero no hay pruebas que lo confirmen. También se dice que los matemáticos chinos empezaron a utilizarlo hace más de 2200 años para apoyar sus teorías. Además, se cree que en Japón se jugaba a un juego similar en el siglo XVIII. De todos modos, lo único que se sabe con certeza es que el tangram adquirió una gran popularidad en China a partir del siglo XIX.

Siete piezas ingeniosas

En chino, el juego del tangram se denomina *Qi qiao ban* («siete piezas ingeniosas»). El libro de tangram más antiguo que existe fue publicado en el año 1813 bajo el título *Tangram combinations* («Combinaciones de tangram») y se centraba en los aspectos matemáticos del puzle. Entre las primeras obras escritas

UNA MISTERIOSA HISTORIA

también se incluyen *The new tangram handbook* («Nuevo manual de tangram»), escrito bajo el bucólico pseudónimo de «El huésped bajo la morera» y *Encyclopedia of tangrams* («Enciclopedia de tangram»), compilada por una mujer llamada Wang. Esta última es una de las obras más exhaustivas y populares que se han publicado en China, pues sus seis capítulos describen más de 1500 figuras distintas.

Un nombre misterioso

¿Dónde se originó la palabra *tangram*? Aunque nadie lo sabe con certeza, el vocablo inglés quedó registrado por primera vez en el *Webster's dictionary* americano en 1864. Es posible que el término proceda simplemente de la combinación entre el carácter chino *Tang* (que significa «China») y el sufijo «-grama». Sin embargo, son muchos los que abogan por una explicación más romántica.

Por ejemplo, en el año 1968, un escritor llamado Peter van Note sugirió que las palabras *tangram* y *tan* (el nombre de

UNA MISTERIOSA HISTORIA

◆

cada una de las piezas del puzle) podían proceder de los tanka, un pueblo que vivía en botes en los ríos del sur de China. A principios del siglo XX, los comerciantes extranjeros empezaron a realizar transacciones con los tanka. Según Van Note, las mujeres tanka podrían haber enseñado el juego de las «siete piezas ingeniosas» a los navegantes.

Otra historia sugiere que un hombre llamado Tan dio su nombre a un juego que inventó accidentalmente mientras intentaba volver a unir los fragmentos rotos de un azulejo de porcelana. Sea cual sea su verdadero origen, todas estas teorías se combinan para conceder a los tangrams un atractivo aún más rico y misterioso.

El rompecabezas chino

Es muy probable que el puzle del tangram viajara a Japón antes de llegar a Occidente. Apareció en Europa y Estados Unidos durante el siglo XIX, cuando estos países empezaron a comerciar con China, y la verdad es que el juego causó un gran furor. De hecho, se conocía como el «rompecabezas chino»,

UNA MISTERIOSA HISTORIA

un nombre que no sorprenderá a nadie que se haya enfrentado a los tangrams más complejos y desafiantes.

Se sabe que muchos de los personajes más importantes de la época se pasaron horas creando y solucionando tangrams. Entre estos destacó Napoleón Bonaparte que, según se dice, recurrió a este juego para entretenerse durante su exilio en Santa Helena. Un presidente americano, John Quincy Adams, también fue un gran aficionado a este pasatiempo, al igual que Lewis Carroll, el autor de *Alicia en el país de las maravillas*. Carroll, que trabajaba como matemático para la Universidad de Oxford, descubrió ciertas conexiones entre el tangram y las matemáticas de la antigua Grecia. Otros aficionados devotos fueron el escritor de misterio Edgar Allan Poe y el ilustrador Gustav Doré.

En las familias acomodadas, tanto los jóvenes como los ancianos se obsesionaron de tal forma con los tangrams que los dibujantes de la época empezaron a burlarse de ellos por descuidar su vida familiar debido a las horas que pasaban jugando a este juego.

UNA MISTERIOSA HISTORIA

La falsa historia de Sam Loyd

Entre estos fervientes aficionados se encontraba el famoso Sam Loyd, un americano que heredó dos libros de tangram de su tío de Filadelfia, John Singer (que fue el abuelo del célebre pintor John Singer Sargent). Loyd fue un inventor excepcional de puzles que, durante toda su vida, sintió un profundo interés por los tangrams. En 1903, cuando ya había cumplido los 61 años, decidió publicar su colección de tangrams junto con una «historia china» falsa del juego.

El octavo libro de Tan: primera parte

Según la historia imaginaria de Loyd, un ser humano chino o un dios llamado Tan recopiló, cuatro mil años atrás, siete libros con modelos de tangrams. De todos ellos, sólo el primero y el último lograron sobrevivir. Según sus palabras, estos libros «habían sido compilados con el propósito de ilustrar la creación del mundo y el origen de las especies de acuerdo con un plan que refutaba la teoría de la evolución de Darwin. En este caso, la evolución de

UNA MISTERIOSA HISTORIA

la raza humana podía seguirse a través de siete fases de desarrollo, hasta llegar a un estado misterioso que resultaba demasiado lunático para poder ser tratado con seriedad».

Por si esto no lograba alertar al lector, Loyd proseguía con el relato haciendo referencia a un falso refrán chino que hablaba del «estúpido que escribiera el octavo libro de Tan» y utilizaba este título como reclamo para su obra, *El octavo libro de Tan. Primera parte*. Por sorprendente que resulte, la gente se creyó la falsa historia de Loyd palabra por palabra.

Algunos de los tangrams que aparecían en el libro se habían originado en China, mientras que otros habían sido inventados por el propio Loyd. El autor los agrupó de forma que, supuestamente, ilustraran la evolución de la vida, aprovechando la fascinación que sentía la sociedad del siglo XIX por los avances científicos. Empezaba mostrando un par de garabatos que, según decía: «Ilustran las formas de vida primitivas [...] que bien podrían interpretarse como [...] los últimos descubrimientos sobre microbios y bacilos». A continuación, moviendo algu-

UNA MISTERIOSA HISTORIA

nas piezas, demostraba en tangrams la «evolución» de ameba a pez, a ave, a animal y a ser humano.

El lexicógrafo escocés sir James Murray, primer editor de lo que hoy en día es el *Oxford english dictionary*, vivió en la misma época que Loyd y fue una de las personas que inicialmente creyeron la historia que éste contaba en *El octavo libro de Tan. Primera parte*. Sin embargo, después de consultarlo con varios expertos, fue capaz de confirmar al mundo que «el hombre Tan, el dios Tan y el "Libro de Tan" se desconocían por completo en la literatura, la historia y la tradición chinas».

Tangrams modernos

El hecho de que los tangrams sean atemporales explica en gran medida el gran interés que siempre han despertado, incluso en la actualidad. Sus figuras se han utilizado en bordados, encajes y otras formas de arte, entre las que se puede destacar el trabajo de la autora americana Barbara Ford. También se han utilizado en la danza y han inspirado diseños de muebles.

UNA MISTERIOSA HISTORIA

Los occidentales han intentado desarrollar la caligrafía con tangrams y los orientales han intentado representar los caracteres chinos usando las siete piezas del tangram.

En el siglo XX, los primeros juegos de tangram se fabricaban con plástico, pero cuando comenzó la era de los ordenadores, los programadores empezaron a escribir programas que permitían jugar con los tangrams a través de la pantalla. Estos programas informáticos permiten probar otras combinaciones.

En la actualidad, el puzle del tangram ha empezado a utilizarse, y cada vez con más frecuencia, como herramienta educativa en las escuelas, pues permite desarrollar la memoria espacial y las habilidades matemáticas. En los hogares, sigue siendo un juego popular, ya sea como objeto físico o como un videojuego.

El experto en puzles Jerry Slocum publicó en el año 2003 *The tangram book* («El libro del tangram»), una colección definitiva que incluye más de 2000 figuras y una historia en tangrams.

China se siente orgullosa de sus «siete piezas ingeniosas», el puzle más célebre que Oriente ha regalado al mundo.

PARA EJERCITAR EL CEREBRO

♦

TANGRAM
Para ejercitar el cerebro

¿Piensa usted en imágenes o en palabras? ¿Cómo recuerda las cosas: fotográficamente o mediante palabras clave y frases?

Con demasiada frecuencia nos centramos en las palabras y las utilizamos como herramientas que nos permiten recordar las cosas. Sin embargo, los científicos han empezado a cuestionarse este método y a conceder una mayor importancia a las técnicas de pensamiento «visual-espacial».

Muchos de los niños que parecen tardar en asimilar las lecciones convencionales suelen tener más desarrollado el pensamiento visual-espacial. Esto significa que les resulta más sencillo percibir formas, modelos y objetos tridimensionales que a sus compañeros, que disponen de mejores aptitudes verbales.

Los juegos y puzles del tangram se basan en formas y modelos, de modo que resulta sencillo ver lo útiles que pueden resultar para desarrollar y estimular las técnicas del pensamiento visual-espacial. De hecho, el tangram podría ser un elemento clave para desbloquear la «inteligencia escondida».

No es sólo para niños

No sólo los niños pueden beneficiarse de los tangrams. En realidad, todo el mundo puede ejercitar con ellos su cerebro. Puede que a usted se le den bien las palabras y los números porque su educación hizo hincapié en las habilidades verbales y no potenció las técnicas visuales. Sin embargo, esto no significa que usted posea una habilidad limitada con las figuras y las formas, sino que, simplemente, no las ha desarrollado.

Los estudios que analizan los beneficios que comporta la actividad mental en la población de edad avanzada demuestran que ejercitar el cerebro puede ralentizar o incluso prevenir la aparición de ciertas enfermedades como el alzhéimer.

Diversos expertos sugieren que la sección visual-espacial de nuestro cerebro está asociada con el pensamiento creativo. Si están en lo cierto, todas las personas (independientemente de su edad) que ejerciten su cerebro podrán obtener muchos otros beneficios. El «pensar diferente» de vez en cuando es una técnica de supervivencia vital tanto en los negocios como en otros aspectos de la vida... y aquí es donde entran en juego los tangrams.

¿Qué se esconde detrás?

La perspectiva de que un juego, además de entretener, ofrezca beneficios reales para la educación y la salud resulta sumamente atractiva... sobre todo si también ofrece la posibilidad de mejorar las habilidades en la vida profesional adulta. Sin embargo, ¿verdad que parece demasiado bonito para ser real?

Una de las primeras personas que desarrolló la idea del pensamiento visual-espacial fue Howard Gardner, un psicólogo cognitivo y educacional de la Universidad de Harvard. En el año 1983, Gardner escribió el libro *Inteligencias múltiples: la teoría en la práctica*, en el que sugería que existían diferentes tipos de inteligencia. «No se trata de lo listo que sea usted —

decía—, sino del tipo de inteligencia que tenga». En otras palabras, Gardner afirmaba que una persona necesita todo tipo de habilidades, incluida la visual y la perceptiva, para ser consciente de su verdadero potencial.

Imágenes mentales

El pensamiento visual-espacial está asociado con el talento para los puzles y las formas. Un ejemplo perfecto de este tipo de pensamiento es buscar soluciones para crear tangrams o ser capaz de desplegar visualmente una forma plana para crear un objeto tridimensional. Construir maquetas, orientarse con un mapa, tener buen sentido de la orientación y guardar objetos en un espacio limitado también son habilidades típicas del pensamiento visual-espacial.

Las personas que tienen una inteligencia visual-espacial buena suelen convertirse en diseñadores, arquitectos, artistas, ingenieros, científicos, inventores o acceder a otras profesiones de los campos creativos. Se dice que aquellas personas que tienen más desarrollada la inteligencia visual-espacial disfrutan con las complejidades y suelen ver la «imagen completa» antes que las partes que la componen. Sin embargo, también suele resultarles más difícil (o quizá, sólo más tedioso) aprender hechos, recordar nombres, deletrear palabras, realizar cálculos matemáticos y prestar atención a los detalles. Resulta interesante señalar que, según se dice, estas personas tienen un sentido del humor más desarrollado.

De todas maneras, usted no debe caer en la trampa de asumir que posee un tipo de inteligencia, simplemente porque se le da bien la lógica y, en cambio, no tolera las bromas. No dé nada por hecho y recuerde que todas las personas disponemos de inteligencia visual-espacial y lógico-matemática.

Los hemisferios cerebrales derecho e izquierdo

Los psicólogos han especulado largo y tendido sobre las conexiones que existen entre los diferentes tipos de inteligencia identificados por Gardner. Las teorías del hemisferio derecho e izquierdo sobre la forma de funcionamiento del cerebro están bastante desarrolladas y atribuyen la inteligencia visual-espacial al hemisferio derecho, que es el lado creativo, imaginativo, intuitivo y emocional. Por su parte, consideran que el hemisferio izquierdo es el lado verbal, lógico y analítico del cerebro.

Aunque las teorías sobre los hemisferios pueden, intuitivamente, tener sentido, la verdad es que resultan bastante controvertidas. Por ejemplo, las estadísticas demuestran que los hombres suelen obtener mejores puntuaciones que las mujeres en lo que respecta al pensamiento visual-espacial, mientras que estas tienen más desarrollada la inteligencia verbal. Sin embargo, las mujeres suelen ser más emocionales que los hombres.

Educación e inteligencia visual-espacial

Es difícil demostrar que existen conexiones firmes entre la inteligencia visual-espacial y otros tipos de inteligencia. Sin embargo, resulta interesante comprobar que muchas personas que tienen muy desarrollada la inteligencia visual-espacial han obtenido un gran éxito en su vida adulta, a pesar de que en la escuela no destacaron en absoluto.

Los pedagogos han descubierto un mayor nivel de capacidad visual-espacial en los niños que padecen dislexia. ¿Acaso esto significa que la forma secuencial de pensar de la inteligencia verbal y visual entran en conflicto? Como personas que ven la «imagen completa», quienes tienen más desarrollada la inteligencia visual-espacial pueden tener dificultades a la hora de recordar las letras que conforman una palabra o de expresar pensamientos en una secuencia lineal.

De forma tradicional, las pruebas de inteligencia han favorecido el razonamiento verbal y matemático en detrimento de las habilidades espaciales. En el Reino Unido, por ejemplo, las pruebas de razonamiento espacial empezaron a utilizarse a partir del año 2002. Estas pruebas no sólo ayudan a aquellos estudiantes que tienen aptitudes para el arte, la tecnología y las matemáticas abstractas, sino también a aquellos que padecen dislexia o cuya primera lengua no es el inglés.

PARA EJERCITAR EL CEREBRO

Ciertos pedagogos afirman que desarrollar el pensamiento visual-espacial puede mejorar el rendimiento conjunto de los estudiantes. Fomentar esta aptitud puede ser también un factor clave para desarrollar otros tipos de aprendizaje, como la lectura.

A pesar de estas afirmaciones, la cuestión de que el desarrollo de la inteligencia visual-espacial pueda mejorar el rendimiento conjunto de un estudiante sigue estando sometido a debate. Sin embargo, no cabe duda de que todo aquel que desee ejercitar sus habilidades visuales-espaciales para compensar su educación lógico-verbal obtendrá grandes beneficios jugando con los tangrams.

Los tangrams pueden proporcionar un programa de ejercicios completo. Por ejemplo, las personas que tienen más desarrollado el pensamiento visual-espacial descubrirán que solucionar los puzles les permite ejercitar su capacidad de razonamiento lógico. Por su parte, quienes tengan un pensamiento más analítico descubrirán que su facilidad innata mejora con el simple hecho de jugar con formas y colores.

PARA EJERCITAR EL CEREBRO

◆

Creatividad y solución de problemas

Howard Gardner definió la inteligencia como «la habilidad humana para resolver problemas o hacer algo que se valora en una o más culturas». Estas palabras también definen la creatividad. De hecho, sólo hay que pensar en los grandes edificios, las obras de arte, los inventos y las teorías matemáticas que han desarrollado las personas que tienen un pensamiento visual-espacial para ser consciente de la gran deuda que hemos contraído con ellas.

Valorar y fomentar las técnicas de pensamiento visual-espacial proporciona grandes beneficios vitales en nuestro mundo, que curiosamente es lineal-espacial.

¿El secreto de la salud y la felicidad?

La posibilidad de que nos encontremos ante las puertas de una revolución en lo que respecta a comprender cómo funciona el cerebro sigue siendo remota. Además, es poco probable que los tangrams por sí solos puedan cambiar el mundo. Sin embargo,

PARA EJERCITAR EL CEREBRO

no cabe duda de la importancia que tiene adquirir una mayor comprensión sobre el pensamiento visual-espacial, tanto en la educación como en muchas otras áreas de la vida pública.

Por lo tanto, que los tangrams puedan ofrecer la clave para la salud y la felicidad o que simplemente sean un pasatiempo entretenido no tiene la mayor importancia.

JUGAR CON LOS TANGRAMS

◆

Jugar con los tangrams

El juego del tangram presenta el desafío de ordenar siete figuras geométricas simples llamadas *tans* (un cuadrado, un paralelogramo y cinco triángulos equiláteros) de distintas formas, de manera que representen personas, animales, objetos y todo aquello que se le ocurra. Este libro incluye más de doscientos tangrams presentados como puzles visuales. Todos ellos se muestran en forma de siluetas, para que no pueda ver cómo se han dispuesto las piezas.

Con dos juegos de tans completos podrá hacer mucho más que intentar descubrir las soluciones. El primer enfoque consiste en observar cada figura de las que se presentan en las siguientes páginas y, a continuación, usar un juego de tans para descubrir cómo se han construido. Algunas son sencillas, pero muchas otras no. Las soluciones se muestran al final del libro.

JUGAR CON LOS TANGRAMS

También pueden jugar dos jugadores, utilizando cada uno de ellos un juego de tans y compitiendo para ver quién es el primero en encontrar la solución. Esto le permitirá empezar a crear formas ligeramente distintas y le abrirá una puerta mágica para explorar nuevos tangrams de su propia invención.

La última sección del libro muestra formas dobles de tangrams y, por lo tanto, deberá utilizar dos conjuntos para reconstruirlas. Como estas parejas de tangrams pueden usarse para crear historias, hemos llamado a esta sección del libro «Historias en tangrams». ¿Cuántos relatos distintos será capaz de contar?

Resolver puzles es una forma maravillosa de aprender..., y la verdad es que los tangrams son la forma más maravillosa de potenciar y desarrollar el poder de la imaginación visual.

LOS PUZLES

◆

LOS PUZLES

Personas

Animales

Edificios

Transportes

Objetos

Historias en tangrams

PERSONAS

Mujer sosteniendo un cuenco
Solución en la página 208

PERSONAS

Hombre mirando hacia delante
Solución en la página 208

PERSONAS

Mujer haciendo una reverencia
Solución en la página 208

PERSONAS

Hombre haciendo una reverencia
Solución en la página 208

PERSONAS

Hombre señalando por encima del hombro
Solución en la página 208

PERSONAS

Hombre señalando hacia delante
Solución en la página 208

PERSONAS

Hombre corriendo
Solución en la página 208

PERSONAS

Hombre corriendo más rápido
Solución en la página 208

PERSONAS

Corredor en la línea de meta
Solución en la página 208

PERSONAS

Corredor derrumbándose tras la victoria
Solución en la página 208

PERSONAS

Hombre con sombrero corriendo
Solución en la página 208

PERSONAS

Corriendo más rápido sin sombrero
Solución en la página 208

PERSONAS

Hombre saltando
Solución en la página 208

PERSONAS

Hombre lanzándose al agua
Solución en la página 208

PERSONAS

Mujer erguida
Solución en la página 208

PERSONAS

Mujer agitando un pañuelo
Solución en la página 209

PERSONAS

Hombre con prisa
Solución en la página 209

PERSONAS

Mujer con prisa
Solución en la página 209

PERSONAS

Hombre paseando lentamente
Solución en la página 209

PERSONAS

Hombre descansando
Solución en la página 209

PERSONAS

Hombre erguido mirando al cielo
Solución en la página 209

PERSONAS

Hombre paseando y mirando al cielo
Solución en la página 209

ANIMALES

Ballena
Solución en la página 209

ANIMALES

Tiburón
Solución en la página 209

ANIMALES

Ganso
Solución en la página 209

ANIMALES

Zorro saltando
Solución en la página 209

ANIMALES

Ganso en actitud defensiva
Solución en la página 209

ANIMALES

Ganso volando
Solución en la página 209

ANIMALES

Cigüeña erguida
Solución en la página 209

ANIMALES

Cigüeña al acecho
Solución en la página 210

ANIMALES

Loro volando
Solución en la página 210

ANIMALES

Alcatraz descendiendo en picado
Solución en la página 210

ANIMALES

Gato agazapado observando
Solución en la página 210

ANIMALES

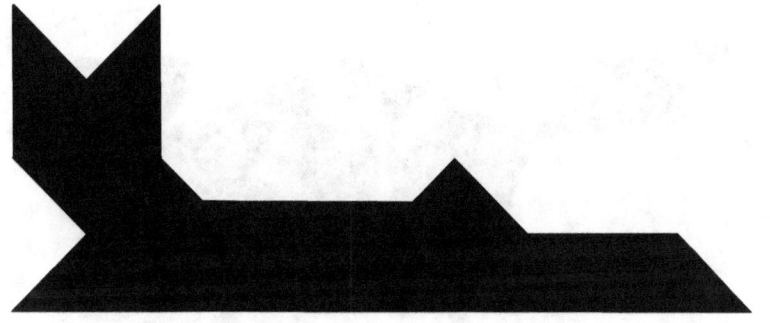

Gato estirado observando
Solución en la página 210

ANIMALES

Gato en posición de ataque
Solución en la página 210

ANIMALES

Gato dando zarpazos
Solución en la página 210

ANIMALES

Gato observando a su alrededor
Solución en la página 210

ANIMALES

Gato en posición de alerta
Solución en la página 210

ANIMALES

Gato tumbado y relajado
Solución en la página 210

ANIMALES

Conejo tumbado y relajado
Solución en la página 210

ANIMALES

Conejo sentado
Solución en la página 210

ANIMALES

Conejo escuchando
Solución en la página 210

ANIMALES

Conejo en posición de alerta
Solución en la página 210

ANIMALES

Conejo listo para escapar
Solución en la página 211

ANIMALES

Corre, conejo...
Solución en la página 211

ANIMALES

... corre
Solución en la página 211

ANIMALES

Escorpión
Solución en la página 211

ANIMALES

Pingüino (alimentando a su cría)
Solución en la página 211

ANIMALES

Pájaro descendiendo en picado
Solución en la página 211

ANIMALES

Pájaro remontando el vuelo
Solución en la página 211

ANIMALES

Murciélago
Solución en la página 211

ANIMALES

Murciélago
Solución en la página 211

ANIMALES

Murciélago batiendo las alas
Solución en la página 211

ANIMALES

Polluelo asustado
Solución en la página 211

ANIMALES

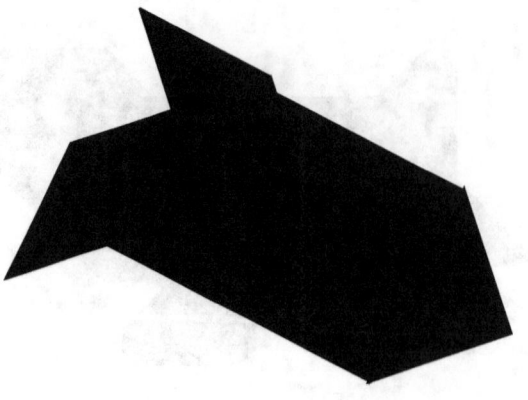

Pez
Solución en la página 211

ANIMALES

Carpa
Solución en la página 211

ANIMALES

Caballo al paso
Solución en la página 211

ANIMALES

Caballo tumbado
Solución en la página 211

ANIMALES

Paloma
Solución en la página 212

ANIMALES

Loro
Solución en la página 212

ANIMALES

Vaca
Solución en la página 212

ANIMALES

Jabalí
Solución en la página 212

ANIMALES

Pato
Solución en la página 212

ANIMALES

Ganso
Solución en la página 212

ANIMALES

Perro ladrando
Solución en la página 212

ANIMALES

Perro reclamando atención
Solución en la página 212

ANIMALES

Ave desplegando las alas
Solución en la página 212

ANIMALES

Cocodrilo
Solución en la página 212

EDIFICIOS

Pirámide
Solución en la página 212

EDIFICIOS

Torre
Solución en la página 212

EDIFICIOS

Torre rodeada por un muro
Solución en la página 212

EDIFICIOS

Torre con almenas
Solución en la página 212

EDIFICIOS

Torre con balcón
Solución en la página 212

EDIFICIOS

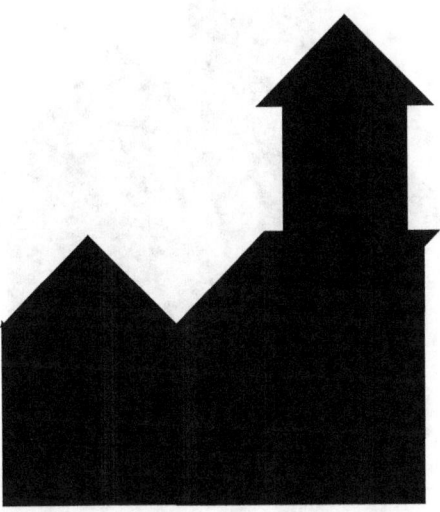

Castillo con torre
Solución en la página 213

EDIFICIOS

Casa con chimenea
Solución en la página 213

EDIFICIOS

Casa construida en una ladera
Solución en la página 213

EDIFICIOS

Establo
Solución en la página 213

EDIFICIOS

Monumento
Solución en la página 213

EDIFICIOS

Arco ornamental
Solución en la página 213

EDIFICIOS

Arco ornamental
Solución en la página 213

EDIFICIOS

Arco pequeño
Solución en la página 213

EDIFICIOS

Arco grande
Solución en la página 213

EDIFICIOS

Puente arqueado
Solución en la página 213

EDIFICIOS

Puente arqueado
Solución en la página 213

EDIFICIOS

Puente arqueado
Solución en la página 213

EDIFICIOS

Puente arqueado con pilar adicional
Solución en la página 213

EDIFICIOS

Puente arqueado elevado
Solución en la página 213

EDIFICIOS

Puente arqueado ancho
Solución en la página 214

EDIFICIOS

Puente con caseta de vigilancia central
Solución en la página 214

EDIFICIOS

Puente con casetas de vigilancia laterales
Solución en la página 214

EDIFICIOS

Puente alargado
Solución en la página 214

EDIFICIOS

Puente alargado
Solución en la página 214

EDIFICIOS

Edificio con tejado inclinado
Solución en la página 214

EDIFICIOS

Edificio alto con tejado inclinado
Solución en la página 214

TRANSPORTES

Velero
Solución en la página 214

TRANSPORTES

Velero virando
Solución en la página 214

TRANSPORTES

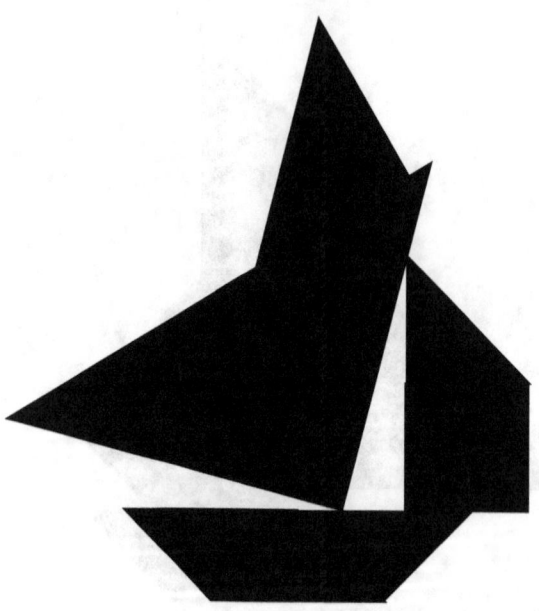

Velero alejándose con rapidez
Solución en la página 214

TRANSPORTES

Velero navegando con viento de estribor
Solución en la página 214

TRANSPORTES

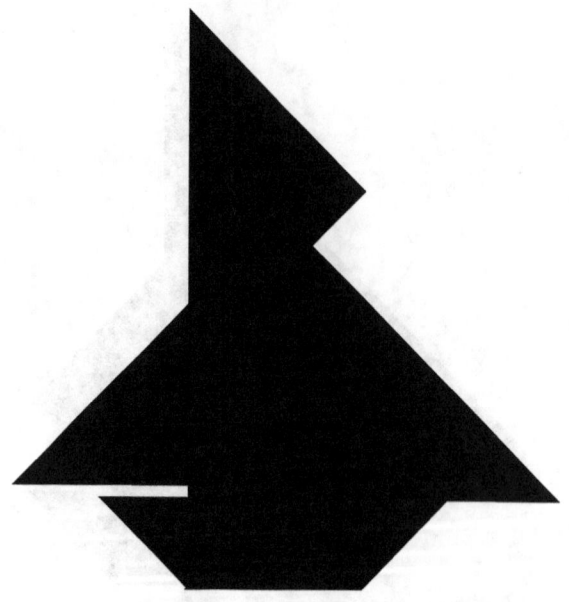

Velero a toda vela
Solución en la página 214

TRANSPORTES

Velero virando hacia el viento
Solución en la página 214

TRANSPORTES

Nave de una vela
Solución en la página 214

TRANSPORTES

Barcaza
Solución en la página 215

TRANSPORTES

Barco de vela
Solución en la página 215

TRANSPORTES

Tren de vapor
Solución en la página 215

TRANSPORTES

Barco de carga
Solución en la página 215

TRANSPORTES

Cohete
Solución en la página 215

OBJETOS

Cuenco con tapa
Solución en la página 215

OBJETOS

Jarrón decorativo
Solución en la página 215

OBJETOS

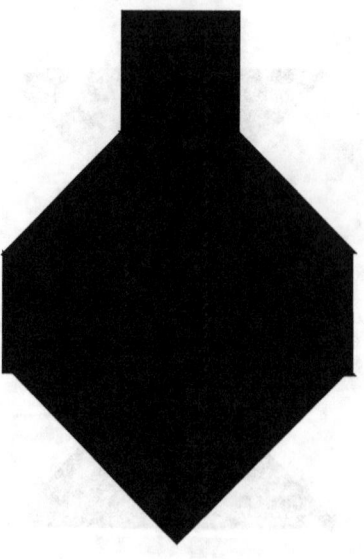

Frasco de perfume antiguo
Solución en la página 215

OBJETOS

Frasco de perfume antiguo con tapa
Solución en la página 215

OBJETOS

Tetera
Solución en la página 215

OBJETOS

Tetera elevada
Solución en la página 215

OBJETOS

Pipa
Solución en la página 215

OBJETOS

Candelero con vela
Solución en la página 215

OBJETOS

Candelero grande
Solución en la página 215

OBJETOS

Jarrón largo
Solución en la página 215

OBJETOS

Cáliz
Solución en la página 216

OBJETOS

Cáliz
Solución en la página 216

OBJETOS

Jarra
Solución en la página 216

OBJETOS

Cuenco
Solución en la página 216

OBJETOS

Frasco
Solución en la página 216

OBJETOS

Frasco decorativo
Solución en la página 216

OBJETOS

Jarrón con reborde
Solución en la página 216

OBJETOS

Jarrón
Solución en la página 216

OBJETOS

Cuenco
Solución en la página 216

OBJETOS

Copa de cóctel
Solución en la página 216

OBJETOS

Cafetera
Solución en la página 216

OBJETOS

Regadera
Solución en la página 216

OBJETOS

Mesa de picnic
Solución en la página 216

OBJETOS

Mesa
Solución en la página 216

OBJETOS

Cama
Solución en la página 216

OBJETOS

Cama
Solución en la página 217

OBJETOS

Diván
Solución en la página 217

OBJETOS

Diván
Solución en la página 217

OBJETOS

Silla con respaldo vertical
Solución en la página 217

OBJETOS

Silla con respaldo vertical
Solución en la página 217

OBJETOS

Silla
Solución en la página 217

OBJETOS

Silla
Solución en la página 217

OBJETOS

Silla reclinable
Solución en la página 217

OBJETOS

Silla reclinable
Solución en la página 217

OBJETOS

Pistola

Solución en la página 217

OBJETOS

Pistola
Solución en la página 217

HISTORIAS

Hombre empujando una carretilla
Solución en la página 217

HISTORIAS

Mujer empujando un cochecito de bebé
Solución en la página 217

HISTORIAS

Caballo y carreta
Solución en la página 218

HISTORIAS

Caballo y carruaje
Solución en la página 218

HISTORIAS

Caballo y carruaje
Solución en la página 218

HISTORIAS

Caballo y carruaje
Solución en la página 218

HISTORIAS

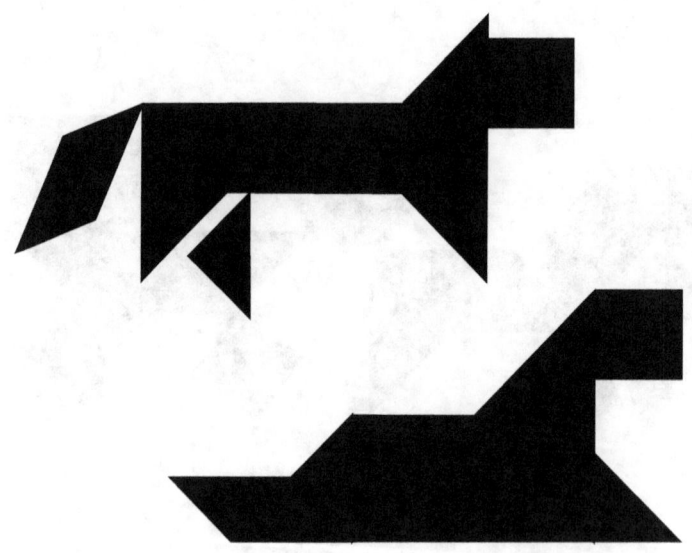

León y leona
Solución en la página 218

HISTORIAS

Cazador y perro
Solución en la página 218

HISTORIAS

Jugador y videoconsola
Solución en la página 218

HISTORIAS

Mujer y ordenador
Solución en la página 218

HISTORIAS

Dos mujeres jugando a los dados
Solución en la página 218

HISTORIAS

Dos luchadores en pleno combate
Solución en la página 218

HISTORIAS

Dos bailarines chocando
Solución en la página 218

HISTORIAS

Dos actores haciendo mímica
Solución en la página 218

HISTORIAS

Hombre y mujer bailando
Solución en la página 219

HISTORIAS

Ángel y bailarín
Solución en la página 219

HISTORIAS

Dos niños
Solución en la página 219

HISTORIAS

Amigos corriendo para saludarse
Solución en la página 219

HISTORIAS

Dos perros jugando
Solución en la página 219

HISTORIAS

Gatos jugando
Solución en la página 219

HISTORIAS

Gatos montando guardia
Solución en la página 219

HISTORIAS

Dos gatos
Solución en la página 219

HISTORIAS

Dos gansos
Solución en la página 219

HISTORIAS

Dos hombres peleando
Solución en la página 219

HISTORIAS

Encuentro cortés 1
Solución en la página 219

HISTORIAS

Encuentro cortés 2
Solución en la página 219

HISTORIAS

Dos águilas
Solución en la página 219

HISTORIAS

Gallina y gallo
Solución en la página 220

HISTORIAS

Dos cuervos
Solución en la página 220

HISTORIAS

Cuervos haciendo acrobacias aéreas
Solución en la página 220

HISTORIAS

Dos cabras
Solución en la página 220

HISTORIAS

Dos vacas
Solución en la página 220

HISTORIAS

Dos perros
Solución en la página 220

HISTORIAS

Dos perros caminando
Solución en la página 220

HISTORIAS

Oso polar y león marino
Solución en la página 220

HISTORIAS

Cacatúa y canguro
Solución en la página 220

HISTORIAS

Elefante y camello
Solución en la página 220

HISTORIAS

Rinoceronte y antílope
Solución en la página 220

SOLUCIONES

Mujer sosteniendo un cuenco

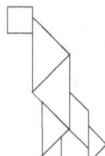
Hombre mirando hacia delante

Mujer haciendo una reverencia

Hombre haciendo una reverencia

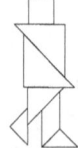
Hombre señalando por encima del hombro

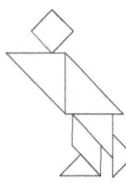
Hombre señalando hacia delante

Hombre corriendo

Hombre corriendo más rápido

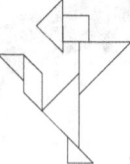
Corredor en la línea de meta

Corredor derrumbándose tras la victoria

Hombre con sombrero corriendo

Corriendo más rápido sin sombrero

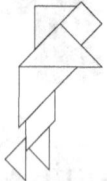
Hombre saltando

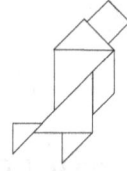
Hombre lanzándose al agua

Mujer erguida

SOLUCIONES

Mujer agitando un pañuelo

Hombre con prisa

Mujer con prisa

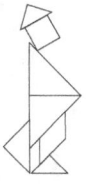
Hombre paseando lentamente

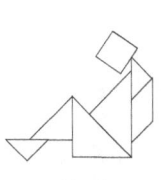
Hombre descansando

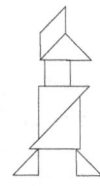
Hombre erguido mirando al cielo

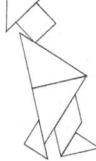
Hombre paseando y mirando al cielo

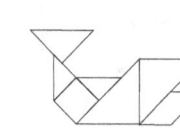
Ballena

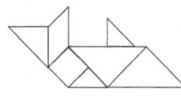
Tiburón

Ganso

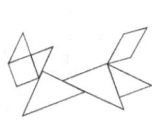
Zorro saltando

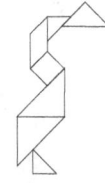
Ganso en actitud defensiva

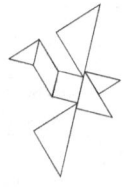
Ganso volando

Cigüeña erguida

SOLUCIONES

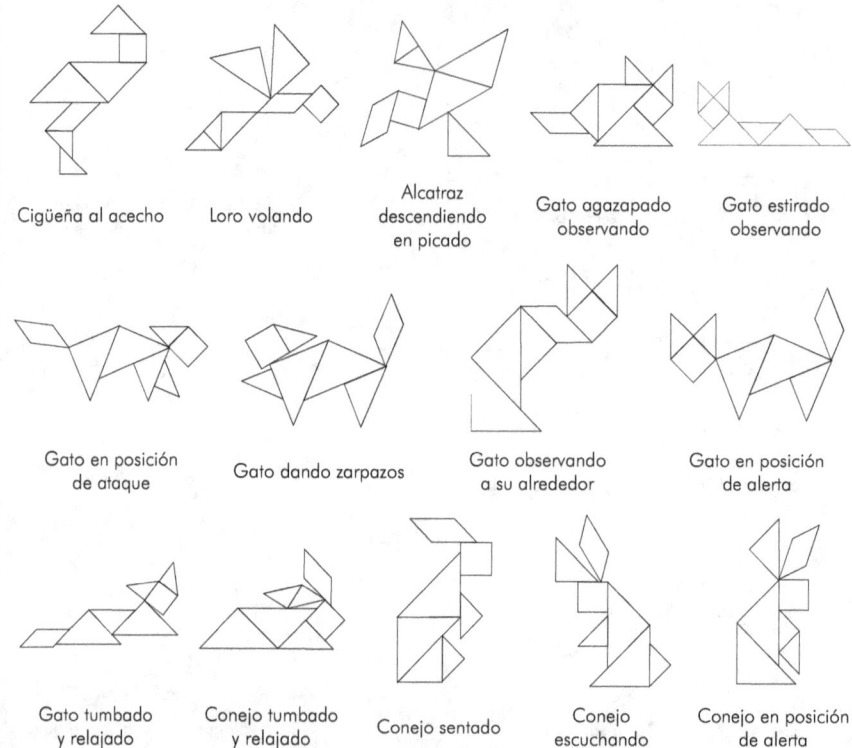

SOLUCIONES

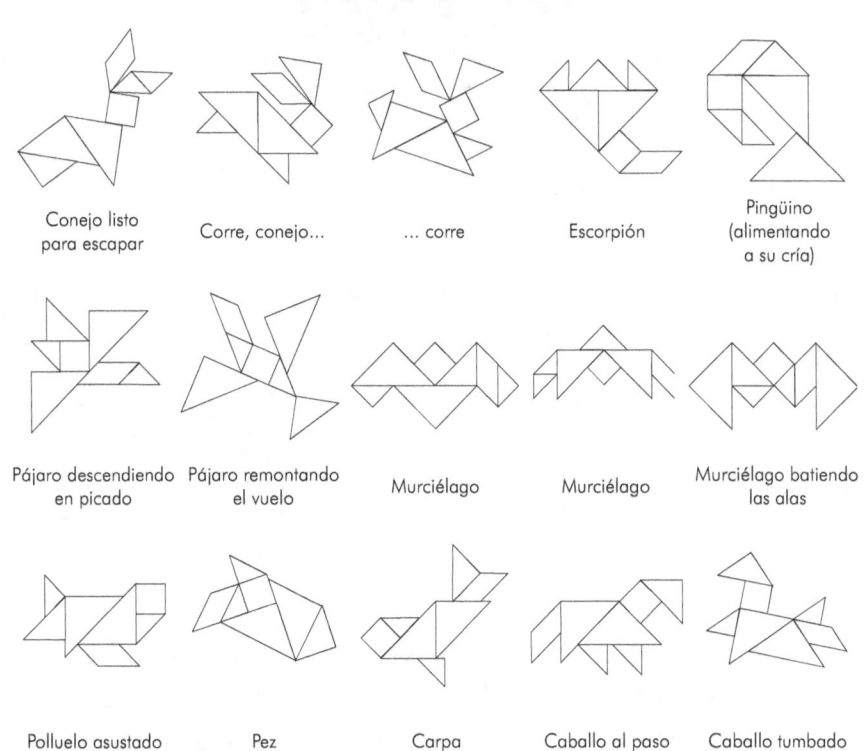

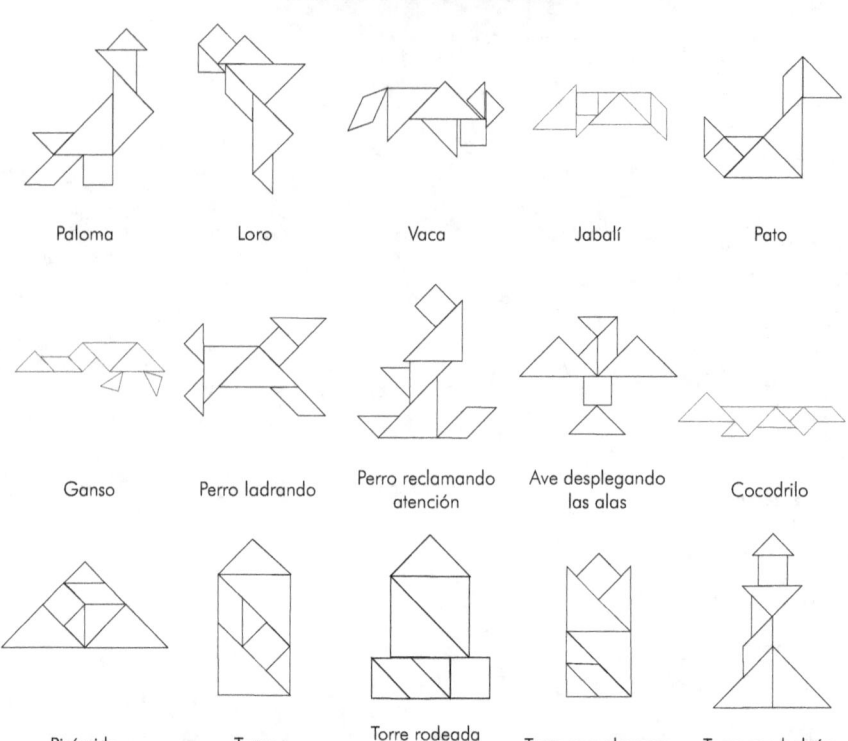

SOLUCIONES

Castillo con torre

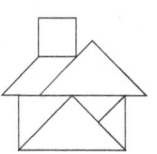
Casa con chimenea

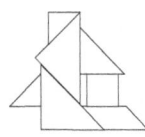
Casa construida en una ladera

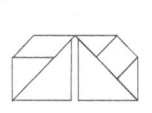
Establo

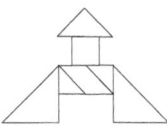
Monumento

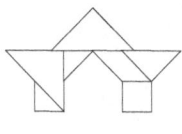
Arco ornamental

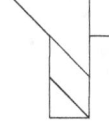
Arco ornamental

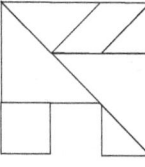
Arco pequeño

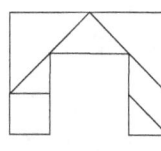
Arco grande

Puente arqueado

Puente arqueado

Puente arqueado

Puente arqueado con pilar adicional

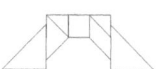
Puente arqueado elevado

SOLUCIONES

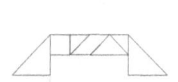
Puente arqueado ancho

Puente con caseta de vigilancia central

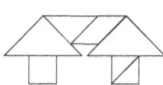
Puente con casetas de vigilancia laterales

Puente alargado

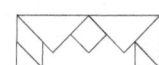
Puente alargado

Edificio con tejado inclinado

Edificio alto con tejado inclinado

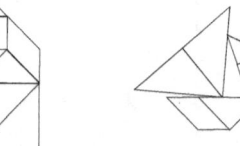
Velero

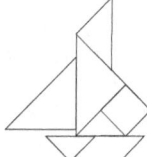
Velero virando

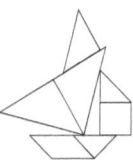
Velero alejándose con rapidez

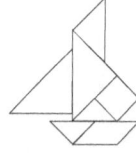
Velero navegando con viento de estribor

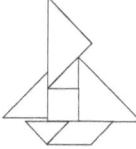
Velero a toda vela

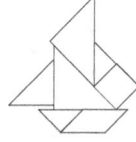
Velero virando hacia el viento

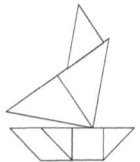
Nave de una vela

SOLUCIONES

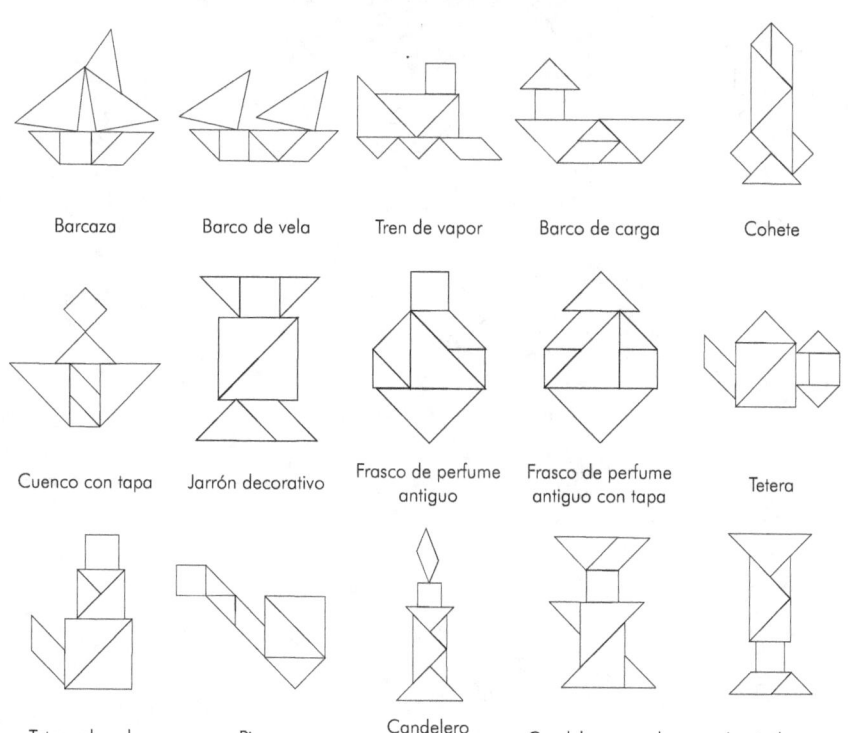

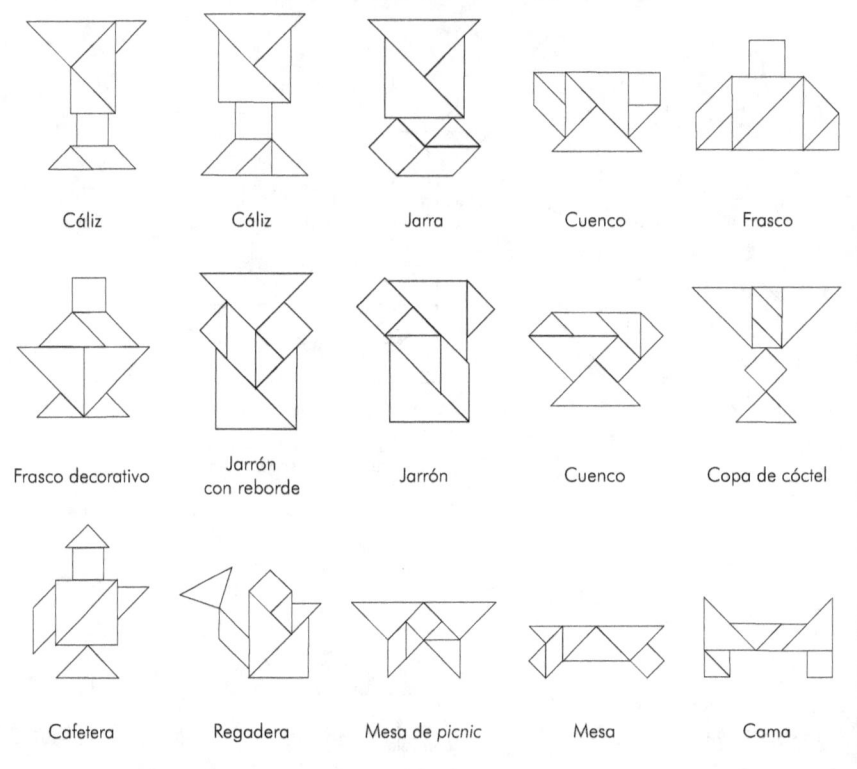

SOLUCIONES

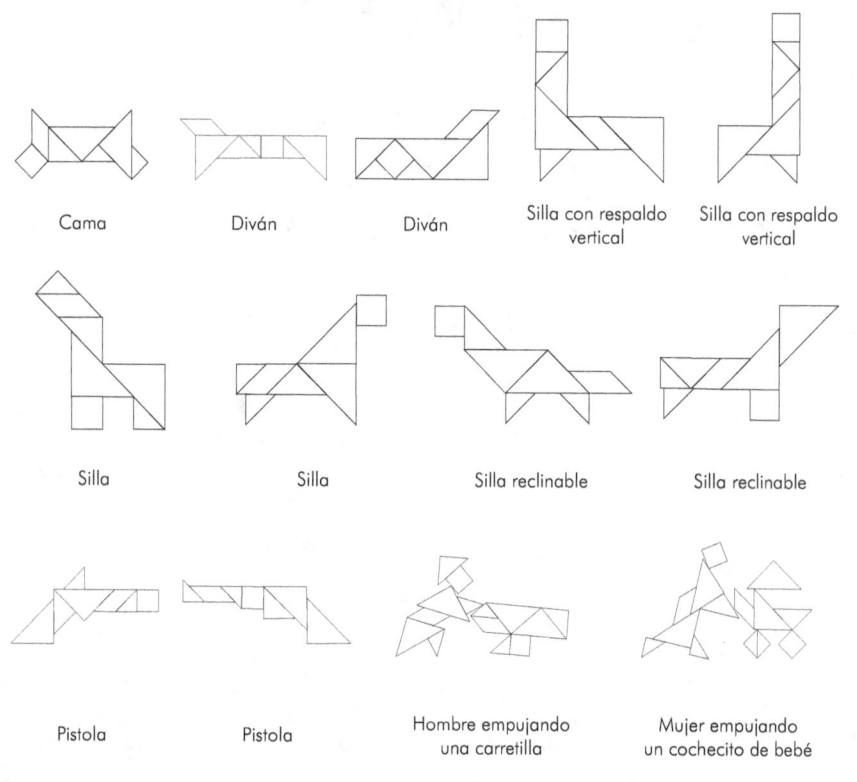

SOLUCIONES

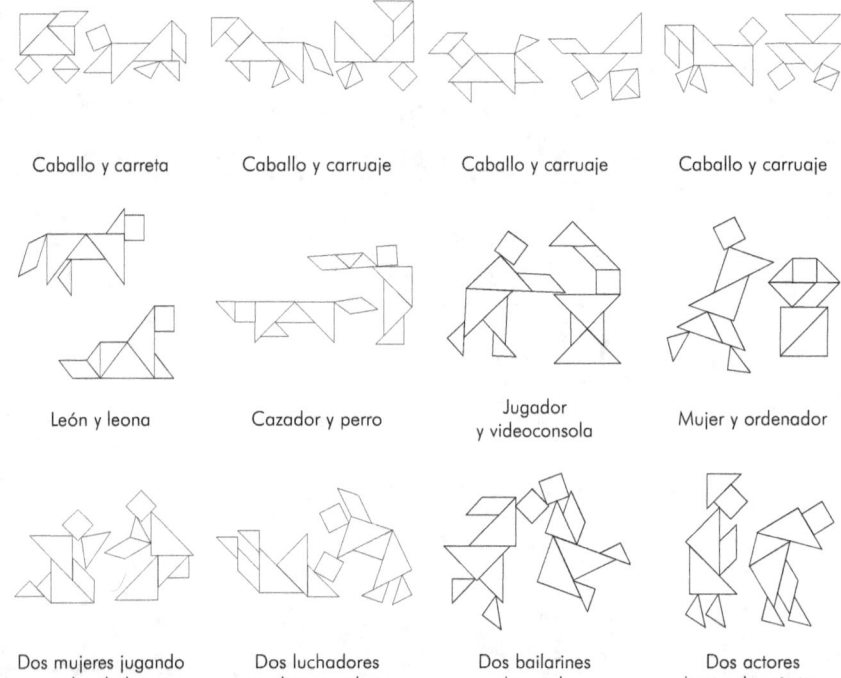

Caballo y carreta

Caballo y carruaje

Caballo y carruaje

Caballo y carruaje

León y leona

Cazador y perro

Jugador y videoconsola

Mujer y ordenador

Dos mujeres jugando a los dados

Dos luchadores en pleno combate

Dos bailarines chocando

Dos actores haciendo mímica

SOLUCIONES

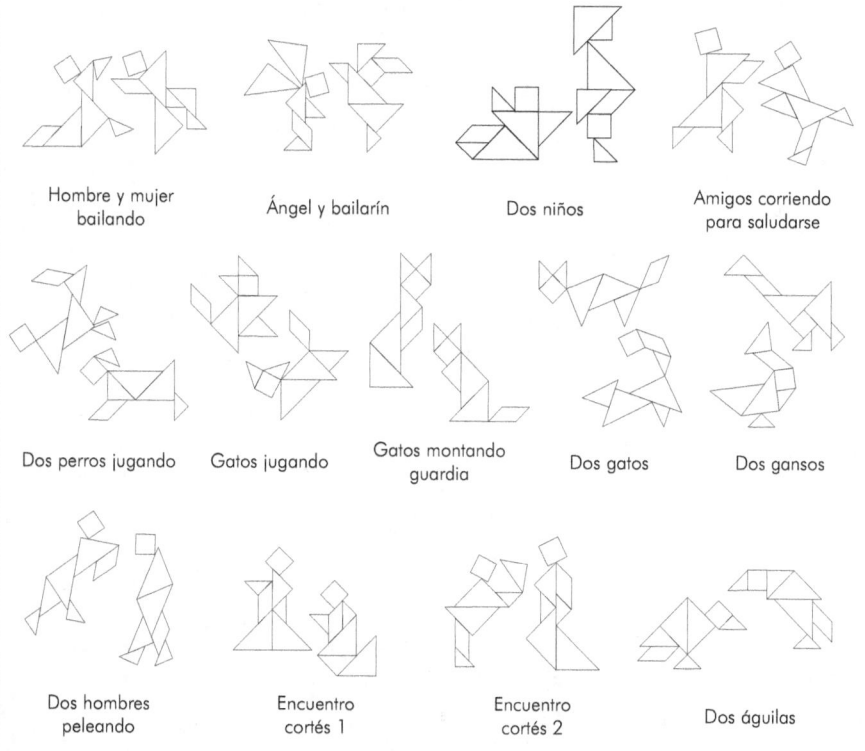

Hombre y mujer bailando

Ángel y bailarín

Dos niños

Amigos corriendo para saludarse

Dos perros jugando

Gatos jugando

Gatos montando guardia

Dos gatos

Dos gansos

Dos hombres peleando

Encuentro cortés 1

Encuentro cortés 2

Dos águilas

SOLUCIONES

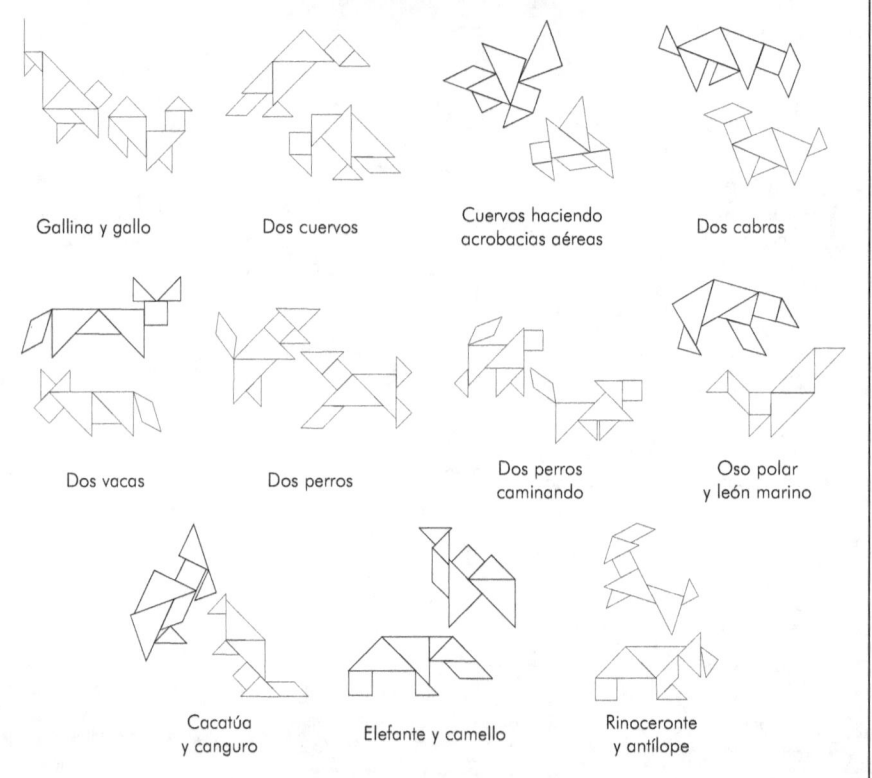

El Torneo doble tangram

Tal y como ya hemos mencionado, los tangrams están compuestos por siete piezas. Con ellas pueden crearse cientos e incluso miles de formas distintas, además de las que se incluyen en este libro. Además, el Torneo doble tangram *(Tangram-times-two tournament)* ofrece una oportunidad adicional. Las historias en tangrams de este libro muestran cómo pueden combinarse diferentes parejas de tangrams para crear historias... Pero ¿qué ocurriría si las catorce piezas de las que constan ambos juegos se combinaran para crear una única figura?

SUS TANGRAMS

En estas páginas puede mantener un registro de sus propios puzles y sus soluciones.

SUS TANGRAMS

El Autor

James Lyon es coleccionista de puzles y ha participado en un gran número de publicaciones del sector. Entre estas se incluyen: *The reader's digest compendium of puzzles and brainteasers* (2001), *Perceptual puzzlers* (2003), *Number enigmas* (2003), *Perplexing perceptions* (2004), *Confounding logic* (2004), *Ivan Moscovich's fiendishly frustrating brain twisting puzzles* (2005) e *Ivan Moscovich's deviously difficult mind-bending puzzles* (2005).

Agradecimientos

El autor desea dar las gracias a Justin Hunt, Keith Miller, Allison Moore, David Popey y Sarah Waldram por su ayuda en la elaboración de este libro. También reconoce la deuda que han contraído con Sam Loyd todos los aficionados a los tangrams.

www.ingramcontent.com/pod-product-compliance
Lightning Source LLC
Chambersburg PA
CBHW070352240426
43671CB00013BA/2474